Dirk Beckmann

Vergleich von MS Access und MySQL als Datenbanksystem innerhalb ...

GRIN - Verlag für akademische Texte

Der GRIN Verlag mit Sitz in München hat sich seit der Gründung im Jahr 1998 auf die
Veröffentlichung akademischer Texte spezialisiert.

Die Verlagswebseite www.grin.com ist für Studenten, Hochschullehrer und andere Akade-
miker die ideale Plattform, ihre Fachtexte, Studienarbeiten, Abschlussarbeiten oder Disser-
tationen einem breiten Publikum zu präsentieren.

Dirk Beckmann

Vergleich von MS Access und MySQL als Datenbanksystem innerhalb einer Website

GRIN Verlag

Bibliografische Information der Deutschen Nationalbibliothek: Die Deutsche Bibliothek
verzeichnet diese Publikation in der Deutschen Nationalbibliografie; detaillierte bibliografische Daten sind im Internet über http://dnb.d-nb.de/ abrufbar.

1. Auflage 2002
Copyright © 2002 GRIN Verlag
http://www.grin.com/
Druck und Bindung: Books on Demand GmbH, Norderstedt Germany
ISBN 978-3-638-90142-0

GLOBAL RESEARCH & INFORMATION NETWORK

Vergleich von MS Access und MySQL als Datenbanksystem innerhalb einer Website

von

Dirk Beckmann

Vergleich von MS Access und MySQL als Datenbanksystem innerhalb einer Website

Studienarbeit
im Fach Informationstechnik
Studiengang Informationswirtschaft
der
Fachhochschule Stuttgart –
Hochschule der Medien

Dirk Beckmann

Bearbeitungszeitraum: 16.04.02 bis 25.06.02

Stuttgart, 25.06.2002

Kurzfassung

Gegenstand der hier vorgestellten Arbeit ist der Vergleich der beiden Relationalen Datenbank Managementsysteme Microsoft Access und MySQL. Der Schwerpunkt des Vergleichs liegt auf der Möglichkeit des Betriebs einer Datenbank mit Zugriff über das Internet. Eigenschaften und Besonderheiten der beiden Systeme werden kurz erläutert und abschließend miteinander verglichen. Der Vergleich der beiden Datenbanksysteme soll die Einsatzgebiete und die Möglichkeiten des jeweiligen Systems beim Betrieb innerhalb einer Website aufzeigen.

Schlagwörter: Datenbank, Microsoft Access, Internet, MySQL, Relationales Datenbank Managementsystem, Vergleich, Website.

Abstract

A comparison between the two Relational Database Management Systems Microsoft Access and MySQL is being presented. The possibility of running a database which can be accessed via internet is the main point of this comparison. The main attributes and special features of both systems will are explained in short terms and in the end compared to each other. This comparison shows the field and the range of application of the database systems when run inside a website.

Keywords: database, Microsoft Access, internet, MySQL, Relational Database Management System, comparison, website.

Inhaltsverzeichnis

Kurzfassung 3

Abstract 3

Inhaltsverzeichnis 4

Abbildungsverzeichnis 6

Tabellenverzeichnis 6

Abkürzungsverzeichnis 7

1   Einleitung...8

2   Was ist SQL?...9

3   Was ist ODBC?...10

4   Was ist PHP?..11

5   Microsoft Access...12
5.1   Architektur von MS Access..12
5.1.1 Funktionelle Kernbereiche...12
5.1.2 Bestandteile von Access 12
5.1.3 Benutzerverwaltung...13
5.1.4 Vergabe von Schlüsseln..14
5.1.5 Referenzielle Integrität..15
5.1.6 OLE DB..15
5.2   Zugriff auf eine Microsoft Access Datenbank im Web...................................16
5.2.1 Zugriff über Datenzugriffsseiten..16
5.3   Sicherheit 17

6   MySQL...18
6.1   Geschichte von MySQL..18
6.2   Architektur von MySQL...18
6.2.1 Open Source..18
6.2.2 Client-Server System...20
6.2.3 Einschränkungen gegenüber SQL...20
6.2.4 Plattformen von MySQL 21
6.2.5 Größe von Tabellen...21
6.2.6 Benutzerverwaltung...22
6.3   Zugriff auf eine MySQL Datenbank im Web..23
6.3.1 Darstellung im Web 23
6.3.2 Datenabfrage mit PHP...23

6.4 Sicherheit 24

6.4.1 Zugriffskontrolle 24

6.4.2 Sichere Übertragung von Server zu Client....................................25

6.4.3 Weitere Sicherheitsmaßnahmen 25

7 Systemvergleich 27

7.1 Benutzeroberfläche 27

7.2 Tabellengröße und Zugriffe 29

7.4 Benutzerverwaltung..29

7.5 Darstellung im Web 29

7.6 Sicherheit...30

7.7 Einzelapplikation vs. Client-Server System.....................................31

7.8 „Kommerzielles Produkt" vs. Open Source......................................31

7.9 Eckdaten auf einen Blick 32

8 Fazit..33

Literaturverzeichnis 35

Erklärung 36

Stichwortverzeichnis 37

Abbildungsverzeichnis

Abbildung 1 Prinzipieller Aufbau von OLE DB 16
Abbildung 2 Zusammenspiel zwischen Browser, Server und Skripts.........................24
Abbildung 3 Screenshot Microsoft Access Benutzeroberfläche.................................27
Abbildung 4 Screenshot MySQLFront 28

Tabellenverzeichnis

Tabelle 1 32

Abkürzungsverzeichnis

SQL	Structured Query Language
PHP	Hypertext Preprocessor oder Personal Home Page
ODBC	Open Database Connectivity
MS	Microsoft

1   Einleitung

In der heutigen Informationsgesellschaft haben es Menschen mit immer gewaltigeren Informationsmengen zu tun. Um diese Informationsflut bewältigen zu können, entwickelte man Datenbanken, in denen Informationen in Form von Daten gespeichert und auch wieder ausgelesen werden können. Heute stehen eine Vielzahl von unterschiedlichen Datenbanksystemen oder Datenbank Management Systeme zu Verfügung. Diese Datenbanksysteme werden nach ihren Einsatzgebieten in zwei Anwendungsbereiche unterteilt:

- Einfache, oft in sogenannte Office Produkte integrierte Datenbanksysteme, wie Microsoft Access, dBase oder ADABAS.

- Komplexere Systeme zur Verwaltung größerer Datenbestände, wie Microsoft IMS, UDS, BD2, MySQL oder Oracle.

Diese Arbeit vergleicht die sehr stark verbreiteten Systeme Microsoft Access und MySQL miteinander. Microsoft Access ist ein sogenanntes Office Produkt, während es sich bei MySQL um ein Client-Server-System handelt, welches für die Verarbeitung sehr großer Datenmengen im Internet konzipiert wurde. Beide Systeme bieten dem Nutzer einen Zugriff auf die jeweilige Datenbank über das Internet.

Die Arbeit soll zunächst einen Einblick in die wichtigsten Systemeigenschaften der beiden Programme und ihre Unterschiede, vor allem bei der Realisierung des Zugriffs auf die Datenbank über das Internet, geben. Dabei werden Vor- und Nachteile des jeweiligen Systems miteinander verglichen. Ziel dieser Arbeit ist es durch den Vergleich der beiden Systeme die unterschiedlichen Einsatzgebiete und Möglichkeiten von Microsoft Access und MySQL aufzuzeigen.

2   Was ist SQL?

SQL ist eine Abfragesprache, die Ende der 70´er Jahre von IBM für die relationale Datenbank DB2 entwickelt wurde. Die Abkürzung SQL steht für Structured Query Language.

SQL wird ursprünglich als nichtprozedurale Sprache bezeichnet, also eine Sprache, die im Gegensatz zu anderen Programmiersprachen keine Schleifen, Unterprogramme, Funktionen, Funktionsübergabeparameter u.s.w. enthält. SQL ist also in diesem Sinne keine „echte" Programmiersprache und dementsprechend einfach zu erlernen.

Die SQL Befehle setzen sich aus zwei Teilen zusammen:

- Data Definition Language (DDL); sie dient dem Aufsetzten der Datenbankstruktur.

- Data Manipulation Language (DML); sie dient der Manipulation der in der Datenbank enthaltenen Daten.

Im wesentlichen lassen sich folgende Operationen mit der Abfragesprache SQL ausführen:

- Veränderung der Struktur einer Datenbank

- Zugriffsrechte auf Strukturen vergeben

- Informationen auslesen

- Inhalte verändern

Die wenigsten SQL-Datenbanken erfüllen den Standart „full", was bedeutet dass sie nicht den kompletten „SQL-Wortschatz" verwenden. Einige Systeme wie beispielsweise MySQL verwenden eine schlankere Version, die auf einige Möglichkeiten der Standard-SQL verzichtet, jedoch auch einige Erweiterungen aufweist, die MySQL spezifisch sind, um zum Beispiel die Zugriffsgeschwindigkeit zu erhöhen.

Da aus verschiedenen Gründen fast jede Datenbank eine etwas andere SQL benutzt ist der Wechsel zwischen Datenbanken ohne geeignete Schnittstellen schwierig und oft nicht möglich.[1]

---

[1] vgl. www2.little-idiot.de/mysql/mysql-24.html (15.05.02)

3   Was ist ODBC?

ODBC ist eine von Microsoft entwickelte Programmierschnittstelle. Die Abkürzung steht für Open Database Connectivity. Das unter Windows übliche Software-Tool ermöglicht es, dass verschiedene Datenbanksysteme, für die es ODBC-Treiber gibt, mittels SQL kommunizieren können. Man ist dabei nicht zwingend an das Betriebssystem von Microsoft gebunden, da es ODBC auch für andere Systeme wie beispielsweise Linux gibt.

So kann man zum Beispiel das Datenbanksystem MySQL auf einem Linux-Rechner laufen lassen und den Zugriff von verschiedenen Rechnern über Microsoft Access realisieren.

ODBC besteht grundsätzlich aus vier Komponenten:

- ODBC-Manager: Das Programm hilft bei der Identifizierung der verschiedenen ODBC-Datenquellen auf einem Rechner.

- ODBC-Anwendung: Die jeweilige Application, die mit ODBC-Schnittstellen arbeitet, zum Beispiel Microsoft Access.

- ODBC-Datenquelle: Dies ist das Datenbanksystem auf dem die eigentliche Datenbank eingerichtet ist, im Beispiel oben wäre dies zum Beispiel MySQL. Eine ODBC-Datenquelle kann gleichzeitig immer nur auf eine Datenbank eingerichtet werden. Benötigt man mehrere unterschiedliche Datenbanken, so muss für jede Quelle eine neue Verbindung eingerichtet werden.

- ODBC-Treiber: Er stellt über den ODBC-Manager die Verbindung zwischen ODBC-Datenquelle und ODBC-Anwendung her und wandelt die SQL-Statements der Anwendung in Statements um, die die Datenquelle versteht und umgekehrt.[2]

---

[2] vgl. Rüttger (2002), S.195-196

4 Was ist PHP?

PHP ist eine Skriptsprache und wurde von Rasmus Lerdorf entwickelt. PHP wird heute im allgemeinen mit „Hypertext Preprocessor" übersetzt, wobei Lerndorf den Namen ursprünglich von „Personal Home Page" herleitete. Der erste Begriff hat sich jedoch als offizieller Begriff durchgesetzt.

Lerndorf stellte PHP 1994 ins Internet und lies die freie Verbreitung seiner Scriptsprache durch die Öffentlichkeit zu.

PHP hat enormen Zuspruch und erlebte eine rasante Verbreitung, was an verschiedenen Punkten liegt:

- PHP wurde als Skriptsprache nur für das Internet entwickelt, wodurch man sich auch völlig auf diese Anforderungen konzentrieren konnte.

- Andere Skriptsprachen haben neben einigen Vorteilen auch sehr viele Nachteile. So ist ASP (Active Server Pages) von Microsoft zum Beispiel an die Plattformen von Microsoft gebunden, JSP (Java Server Pages) erfordert eine besondere Ausstattung und es ist schwierig einen Provider dafür zu finden und Perl bereitet vor allem durch seine schwierige Syntax eine erhebliche Einstiegshürde für Einsteiger.

- PHP verwendet eine Syntax, die der C-Programmierung ähnelt, unter Programmierern sehr verbreitet ist und zudem einen großen Funktionsumfang besitzt.

- PHP besticht durch relativ einfache Funktionen und unterstützt als Skriptsprache weit mehr als nur die häufigsten Datenbanksysteme.

PHP ist eine serverseitige Skriptsprache, was bedeutet, dass PHP auf dem Server und nicht auf dem Client ausgeführt wird. Der Client bekommt lediglich das Ergebnis geliefert.[3]

---

[3] vgl. Rüttger (2002), S.257-258

5   Microsoft Access

Dieses Kapitel beschäftigt sich mit dem Datenbanksystem MS Access

5.1   Architektur von MS Access

5.1.1 Funktionelle Kernbereiche

Access ist ein Vertreter der sogenannten Relational Database Management Systems
(kurz :RDBMS) was auf deutsch für relationale Datenbankverwaltungssysteme steht.

Access ist für die Verwaltung großer Datenbestände entwickelt worden. Neben dieser
Eigenschaft zeichnet sich Access jedoch besonders durch die sehr leicht zu bedienen-
de Oberfläche aus, die die Bearbeitung und Repräsentation von Daten gegenüber den
klassischeren RDBMS deutlich vereinfacht.

MS Access besteht aus drei funktionellen Kernbereichen:

- Dem Database Management System (DBMS), das die Datenbestände auf der
  Festplatte verwaltet.

- Der Benutzeroberfläche, die als Schnittstelle zwischen Anwender und DBMS
  den Zugriff auf die Daten und deren Präsentation erlaubt.

- Der Programmiersprache Visual Basic for Applications (VBA), welche die Programmierung von eigenen Anwendungen mit eigenen Benutzeroberflächen ermöglicht.[4]

5.1.2 Bestandteile von Access

Eine Datenbankanwendung unter MS Access lässt sich ich 5 Bestandteile unterteilen:

- Tabellen : Relationale Datenbank Management Systeme arbeiten mit Tabellen.
  Ein Datensatz dieser Tabellen bildet dabei ein Objekt aus der Wirklichkeit ab.
  Die dazugehörigen Datenfelder enthalten die relevanten Eigenschaften des
  Objekts.[5]

- Abfragen : Mit Abfragen können Fragen über die Daten gestellt werden, die
  Access verwaltet. Eine Abfrage kann unter Access auf zwei Weisen realisiert
  werden. Die Abfrage kann zum einen in der Entwurfsansicht gestaltet werden,

---

[4] vgl. Hoffmann / Spielmann (2001), S.31

wobei der Abfrageentwurf nach dem Prinzip Query by Example (QBE), also Abfrage nach Beispielen, aufgebaut ist. Abfragen werden hier mit den Möglichkeiten der graphischen Benutzeroberfläche entworfen. Eine weitere Möglichkeit besteht darin, die Abfragen in der standardisierten Abfragesprache SQL zu formulieren.[6]

- Formulare : Formulare werden genutzt um die von Access verwalteten Daten zu bearbeiten. Access bietet verschiedene Eingabehilfen und Eingabekontrollen, sowie die Möglichkeit Grafiken und OLE-Objekte in einem Formular anzuzeigen.[7]

- Berichte : Berichte ähneln Formularen, sie dienen jedoch nicht der Datenbearbeitung. Dazu kommt, dass Berichte für die Ausgabe auf dem Medium Papier zugeschnitten sind, während Formulare auf Monitore zugeschnitten sind.[8]

- Makros : Makros dienen der Steigerung der Benutzerfreundlichkeit und stellen im Grunde einfach eine Liste von Aktionen dar, die nacheinander ausgeführt werden. Prinzipiell könnten die Aktionen eines Makros auch über Menubefehle in Access ausgeführt werden.[9]

5.1.3 Benutzerverwaltung

Microsoft Access besitzt eine Benutzerverwaltung, die es ermöglicht Benutzern und Benutzergruppen verschiedene Zugriffsberechtigungen zuzuteilen und diese zu verwalten. Das Anlegen dieser Gruppen und Benutzer, sowie die Vergabe von Rechten kann über zwei Wege Erfolgen:

- Über den Datensicherheits-Assistenten

- Manuell

Die Nutzung des Datensicherheits-Assistenten bringt vor allem dem ungeübten Nutzer einige Vorteile, da er ihm einige Schritte abnimmt und sie für ihn übernimmt.

Sowohl unter dem Datensicherheits-Assistenten als auch über die manuelle Einstellung werden unter Access zunächst Arbeitsgruppeninformationsdateien angelegt, in die wichtige Benutzereinstellungen und Optionen gespeichert werden.

---

[5] vgl. Hoffmann / Spielmann (2001), S.32
[6] vgl. Hoffmann / Spielmann (2001), S.106-107
[7] vgl. Hoffmann / Spielmann (2001), S.330
[8] vgl. Hoffmann / Spielmann (2001), S.428-429
[9] vgl. Hoffmann / Spielmann (2001), S.678

MS Access erlaubt es verschiedene Nutzergruppen anzulegen und diese mit Rechten zu versehen. Einzelne Nutzer können einer oder mehreren Gruppen zugeordnet werden und haben somit die Rechte der Gruppe. Dies soll der Vereinfachung dienen, da relativ viele Nutzer sich zu relativ wenigen Gruppen zusammenfassen lassen. Rechte können jedoch auch einzelnen Nutzern zugesprochen oder entzogen werden.

Zugriffsberechtigungen die unter Access vergeben werden können sind:

* Öffnen/ausführen : Nutzer/Gruppe darf Objekt lesen und ausführen, aber nicht in Entwurfsansicht öffnen.

* Entwurf lesen : Nutzer/Gruppe darf Objekt in Entwurfsansicht öffnen, jedoch nicht ändern.

* Entwurf ändern : Nutzer/Gruppe darf Objekt in Entwurfsansicht öffnen und ändern.

* Verwalten : Nutzer/Gruppe hat uneingeschränkten Zugriff auf Datenbankobjekte und Daten und hat die Möglichkeit Zugriffberechtigungen zu erteilen.

* Daten lesen : Nutzer/Gruppe darf Daten lesen aber nicht bearbeiten.

* Daten aktualisieren : Nutzer/Gruppe darf Daten lesen und bearbeiten, aber keine Datensätze einfügen oder löschen.

* Daten einfügen : Nutzer/Gruppe darf Daten lesen und Datensätze einfügen, aber keine Daten bearbeiten oder Datensätze löschen.

* Daten löschen : Nutzer/Gruppe darf Daten lesen und Datensätze löschen, aber keine Daten bearbeiten oder Datensätze einfügen.[10]

5.1.4 Vergabe von Schlüsseln

Die Definition von Indizes oder Schlüsseln in einer Datenbank soll im Regelfall den Zugriff auf die in den Tabellen gespeicherten Daten beschleunigen. Einmal definierte Schlüssel werden von Access automatisch verwendet, sofern es die Anwendung erlaubt.

Microsoft Access ermöglicht es zwei Arten von Schlüsseln in Tabellen zu vergeben:

* Primärschlüssel : Der Primärschlüssel beschleunigt den Zugriff auf die Daten in der Tabelle. Für jede Tabelle sollte ein Primärschlüssel vergeben werden, der eine eindeutige Identifikation eines jeden Datensatzes in der Tabelle ermöglicht. Unter Access kann der Primärschlüssel aus einem oder mehreren Feldern

---

[10] vgl. Hoffmann / Spielmann (2001), S.570-587

bestehen. Es kann jedoch nur einen Primärschlüssel oder zusammengesetzten Primärschlüssel in einer Tabelle geben.

* Sekundärschlüssel : Sekundärschlüssel werden von Access automatisch bei der Suche oder bei der Abfrage von Datenbeständen verwendet und können diese Prozesse erheblich beschleunigen. Unter Access können Sekundärschlüssel definiert werden, die aus einem oder bis zu zehn Datenfeldern bestehen.

Bei der Vergabe von Schlüsseln unter Access ist zu beachten, dass deren Pflege während der Bearbeitung von Daten Rechenzeit, Arbeits- und Festplattenspeicher erfordert. Schlüssel sollten daher hauptsächlich für die Felder definiert werden, die häufig bei der Datensuche oder der Sortierung verwendet werden. Für weniger häufig auftretende Sortierreihenfolgen sollten Abfragen definiert werden. Zwar benötigen diese mehr Zeit als ein Zugriff über Schlüssel, der Zeitbedarf ist jedoch auf einen Zeitpunkt beschränkt. Abfragen werden von Access nicht ständig gepflegt und belasten somit den normalen Ablauf weniger als Schlüssel. [11]

5.1.5 Referenzielle Integrität

Microsoft Access bietet die Möglichkeit referenzielle Integrität in Tabellen festzulegen. Dies dient unter anderem der Aktualisierungsweitergabe und der Löschweitergabe bei Tabellen. Mit Definition der referenziellen Integrität wird gleichzeitig eine Beziehung und eine Eingabeprüfung definiert. Ist sie erst einmal definiert, so erkennt Access die rationale Verknüpfung dieser Tabellen bei der Neuanlage von Abfragen, Formularen und Berichten automatisch. Weiter gewährleistet Access die referenzielle Integrität nun überall wo Daten bearbeitet werden können. Dies betrifft sowohl Dateneingaben in das Tabellen- und Formularfenster, als auch beispielsweise Aktualisierungsabfragen. [12]

5.1.6 OLE DB

Eine Neuerung, die Access in den aktuellen Versionen bietet, ist OLE DB, eine Technologie, die allumfassenden Datenzugriff bieten soll. So zum Beispiel auf verschiedene Datenquellen wie:

* Relationale Datenbanken

* E-Mail Dateien

---

[11] vgl. Hoffmann / Spielmann (2001), S.195-200
[12] vgl. Hoffmann / Spielmann (2001), S.217-220

- Unstrukturierte Dateien

- Dateien mit Tabellendaten

OLE DB soll den Zugriff auf SQL- und Accessdatenbanken erleichtern. OLE DB bildet außerdem die Schnittstelle zu ODBC und bildet somit eine einheitliche Schnittstelle zu fast beliebigen Daten. [13]

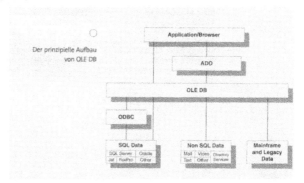

Abbildung 1 [14]

5.2 Zugriff auf eine Microsoft Access Datenbank im Web

5.2.1 Zugriff über Datenzugriffsseiten

Eine weitere Neuerung des Datenbanksystems Microsoft Access sind Datenzugriffsseiten. Datenzugriffsseiten ähneln stark dem Objekttyp Formular, da sie ebenfalls der Dateneinsicht und Datenbearbeitung dienen. Sie bieten auch verschiedene Steuerelementtypen, die in die Datenzugriffsseite eingefügt werden können. Diese unterscheiden sich allerdings nicht von den Steuerelementen von Formularen. Datenzugriffsseiten dienen dem Zugriff auf Access-Datenbanken über Intranet oder Internet und werden daher im HTML-Format gespeichert.[15] Die Dateien werden als externe Dateien auf der Festplatte und nicht innerhalb der Datenbank gespeichert.

Datenzugriffsseiten können über den Internet Explorer ab der Version 5.0 geöffnet werden. Des Weiteren benötigt man eine installierte Access-XP-Lizenz. Sind die Dateien freigegeben, so kann man von jedem PC eines Netzwerkes darauf zugreifen.

---

[13] vgl. Hoffmann / Spielmann (2001), S.674-675

[14] Hoffmann / Spielmann (2001), S.675

[15] vgl. Hoffmann / Spielmann (2001), S.33

Zur Darstellung der Seiten im World Wide Web benötigt man jedoch noch einen direkten Internetzugang und einen Router, mit dem ein Provider auf den PC zugreifen kann sowie eine spezielle Server-Software, wie den „Internet Information Server" von Microsoft.[16]

5.3 Sicherheit

Möchte man Microsoft Access in einem Netzwerk, Intranet oder Internet betreiben, so muss berücksichtigt werden, dass die installierte Netzwerktechnologie und nicht MS Access selbst die Datensicherheit im Netzwerk gewährleistet.

Microsoft Access bietet jedoch vier Möglichkeiten die Datenbank vor unberechtigtem Zugriff zu schützen:

* Datenbank-Kennwort : Die Vergabe eines Kennworts für die Datenbank gewährleistet, dass nur Benutzer denen das Kennwort bekannt ist die Datenbank öffnen können. Dieses Verfahren eignet sich zum Schutz einer Datenbank, die von einem oder einer kleinen Benutzergruppe geöffnet wird.

* .mde-Dateien : Access stellt die Möglichkeit bereit eine Datenbank zu schützen, indem man sie in eine .mde-Datei konvertiert. Damit verhindert man jedoch nicht das Öffnen der Datenbank, sondern erreicht, dass jeglicher editierbarer Code umgewandelt, alle Module kompiliert und die Datenbank komprimiert wird. Im Grunde schützt man auf diese Weise die Entwicklungs-, Entwurfs- und Programmierarbeit, die in die Datenbank gesteckt wurde.

* Access-Sicherheitssystem : Das Sicherheitssystem ist mit der bereits angesprochenen Benutzerverwaltung gleichzusetzen. Benutzergruppen und Benutzern können Rechte zugeteilt und entzogen werden. Somit kann der jeweilige Nutzer nur auf die Teile der Datenbank zugreifen, für die er die Rechte besitzt. Des Weiteren muss sich der Nutzer bei Programmstart durch seinen Benutzernamen und sein Kennwort legitimieren.

* Kennwörter für Quellcode : Diese Methode dient ebenfalls eher der Sicherung der Struktur der Datenbank. Access hat die Möglichkeit den Quellcode einer Datenbank durch ein Passwort zu schützen und somit zu verhindern dass Unberechtigte Änderungen an Modulen oder Makros vornehmen.[17]

---

[16] vgl. Hoffmann / Spielmann (2001), S.479-480

[17] vgl. Hoffmann / Spielmann (2001), S.566-567

6   MySQL

Diese Kapitel befasst sich mit dem Datenbanksystem MySQL.

6.1   Geschichte von MySQL

1979 entwickelte Michael Widenius für die schwedische Firma TcX ein Datenbank-werkzeug dem er den Namen UNIREG gab. Mit dem Aufkommen des World Wide Web begann der Bedarf an dynamischen, datenbankgestützten Websites und Web-Applikationen zu steigen und TcX entdeckte, dass in den Erfahrungen die man bei der Weiterentwicklung von UNIREG gesammelt hatte großes Potential lag, um ein System zu entwickeln, das diesen Anforderungen gerecht werden sollte.

Man entwickelte daher ein System, dass das System mSQL das zu dieser Zeit die Maßstäbe setzte, vor allem in der Geschwindigkeit übertreffen sollte und ein ideales Datenbanksystem für den Einsatz im Netzwerk sein sollte und gab ihm den Namen MySQL. Zusätzlich sollte MySQL auch in der Lage sein sehr umfangreiche Datenbe-stände zu verwalten und zu organisieren.

Wie es jedoch genau zu dem Präfix „My" kam ist bis heute ungeklärt.[18]

6.2   Architektur von MySQL

6.2.1   Open Source

MySQL ist ein Open Source Produkt. Was bedeutet das?

Die meisten Softwarehersteller bieten ihre Produkte auf dem Markt als kommerzielle Produkte an. Dies allein spricht jedoch noch nicht gegen den Open Source-Gedanken.

Kommerzielle Anbieter von Software wollen natürlich Gewinn erwirtschaften. Daher besteht die Angst jemand könnte ihr Produkt „stehlen" und somit auch den Gewinn „stehlen". Dieses „Stehlen" erfolgt nicht durch einfaches Kopieren der Software, son-dern dadurch, dass der Sourcecode mit dem das Programm geschrieben wurde unbe-rechtigterweise verwendet wird und in anderen Entwicklungen eingesetzt wird. In den Lizenzbestimmungen dieser Art von Software findet sich daher meist der Hinweis, dass das dekompilieren, also das Lesbarmachen des Programmtextes, strengstens unter-sagt ist.

---

[18] vgl. Rüttger (2002), S.66-67

Genau dies ist bei Open Source nicht der Fall. Die Offenlegung des Quelltextes wird sogar gefordert.

Vorteile von Open Source sind:

• Die Funktionalität und die Korrektheit des Programms kann von jedem durch die Offenlegung des Quelltextes überprüft werden. Man ist somit nicht allein abhängig von den Aussagen des Herstellers, sondern kann auf eine große Menge alternativer Quellen zurückgreifen.

• Programmierer achten oft eher auf eine „saubere" Implementierung als bei nichteinsehbaren kommerziellen Programmen, da unsaubere Methoden, Fehler oder peinliche Entwicklungen bei Open Source Programmen schneller entdeckt werden und von der „Open-Source-Gemeinde" an den Pranger gestellt werden.

• Produkte können durch eigenes Eingreifen verbessert oder an die jeweilige spezielle Problematik des Nutzers angepasst werden.

• Man kann auf das Wissen anderer aufbauen und eigene Produkte kreieren.

Open Source sagt jedoch nichts darüber aus ob ein Produkt kostenlos ist oder nicht. MySQL ist zum Beispiel unter zwei verschiedenen Lizenzarten erhältlich:

• Die GNU General Public License (GPL) ist kostenlos im Web erhältlich. Diese Lizenz fordert jedoch, dass unter der GPL entwickelte Programme oder weiterentwickelte Programme selbst wieder zur GPL gezählt werden und damit für die Öffentlichkeit freigegeben werden.

• Die GNU Library General Public License (LGPL) ist kostenpflichtig. Bibliotheken und Programme müssen bei Erwerb dieser Lizenz nicht freigegeben werden, da sie nicht als „abgeleitete Arbeit" betrachtet werden.

Die Art der Lizenz bei MySQL hat jedoch nichts mit der eigentlichen Nutzung des Programms zu tun. Die GPL kann ebenso wie die LGPL in einem kommerziellen Umfeld genutzt werden. Der Unterschied liegt darin ob man bereit ist seine Programme und Bibliotheken offen zu legen.[19]

---

[19] vgl. Rüttger (2002), S.55-57

6.2.2 Client-Server System

MySQL ist ein Client-Server System und besteht aus einem multi-threat SQL-Server, der sowohl unterschiedliche Backends, als auch verschiedene Client-Programme und –Bibliotheken, Verwaltungswerkzeuge und etliche Programmschnittstellen unterstützt.[20] Client-Server Architektur bedeutet, dass ein zentraler Datenbankserver die Anfragen von verschiedenen und zum Teil unterschiedlichsten Datenbankclients empfängt und bearbeitet.

Da MySQL als Datenbankserver auf die Verwendung im Internet ausgelegt ist, ist MySQL mit der Fähigkeit ausgestattet eine große Anzahl von gleichzeitigen Anfragen zu bearbeiten. Dies wird durch das gleichzeitige Verarbeiten mehrerer Prozesse (multithreading) erreicht. Was für den Datenbanknutzer bedeutet, dass er bei einer Anfrage auf den Datenbestand der Datenbank nicht warten muss, bis andere Anfragen abgearbeitet wurden. Der Client wird umgehend bedient.

In einem Multithreading-System wird jeder „Thread", den man prinzipiell als die Ausführung einer Anforderung sehen kann, in einem eigenen Prozessraum ausgeführt. Aufgrund dieser Aufteilung unterstützt MySQL auch Computer die mehr als einen Prozessor nutzen. Dies führt natürlich zu einem enormen Performance-Gewinn.[21]

6.2.3 Einschränkungen gegenüber SQL

MySQL sollte ein schnelles, schlankes Datenbanksystem darstellen. Aus diesem Grund versahen die Entwickler ihre SQL mit eigenen Erweiterungen, die ihr Datenbanksystem dringend benötigte, verzichteten aber auch auf Forderungen, wenn diese nicht dem Konzept ihrer Datenbank entsprachen. Dies führte zu Einschränkungen gegenüber der Standard SQL.

Wichtige Einschränkungen gegenüber den Definitionen der ANSI-SQL/92 sind:

- Transaktionen (Einführung erst ab Version 4.0.0)

- Referenzielle Integrität

- Views (Weiterverarbeitung von views wird erst in den nächsten Releases möglich sein)

- Sub-Selects

- Trigger

---

[20] vgl. www.mysql.de/documentation/mysql/bychapter/manual.de_Deutsch.html#What-is (15.05.02)
[21] vgl. Rüttger (2002), S.67

Die meisten Einschränkungen lassen sich allerdings in MySQL durch kleinere Umwege aufheben oder zumindest vermindern. Es läßt sich jedoch sagen, dass die Entwickler von MySQL an Konzepten arbeiten um den Problemen Abhilfe zu schaffen ohne die Performance damit negativ zu beeinflussen.[22]

6.2.4 Plattformen von MySQL

MySQL wird von einer ganzen Reihe von Betriebssystemen unterstützt.

So gibt es zum Beispiel Versionen für:

- Microsoft Windows

- Linux

- Solaris

- FreeBSD

- Mac OS X

- HP-UX

  und andere

In der Regel lässt sich sagen, dass die häufigste Kombination bei Providern die Kombination von Linux, MySQL und dem Apache Webserver ist. Dies liegt unter anderem wahrscheinlich daran, dass MySQL ursprünglich für dieses Betriebssystem konzipiert wurde und MySQL unter Linux durch die im Vergleich zu anderen Systemen andere Speicherverwaltung eine etwas bessere Performance hat.

Ein professioneller Einsatz ist jedoch auch unter Windows NT oder 2000 durchaus möglich. Wenn man MySQL als Intranet-Server nutzen will, sollte man jedoch auf die Betriebssysteme Windows 95, 98, ME und XP aus Gründen der Sicherheit und der Stabilität verzichten.[23]

6.2.5 Größe von Tabellen

Die Tabellengröße bei MySQL hat eine Begrenzung auf 4 Gigabytes in der Version 3.22. Bei den neueren MySQL Versionen ab der Versionsnummer 2.23 läßt sich die Tabellengröße mit dem neuen Tabellentyp MyISAM sogar auf bis zu 8 Millionen Terabytes hochschrauben.

Es ist jedoch zu beachten, dass Betriebssysteme ihre eigenen Dateigrößen-Beschränkungen haben. Welche Tabellengröße MySQL erreichen kann hängt also maßgeblich vom Betriebssystem ab.

---

[22] vgl. Rüttger (2002), S.68-70
[23] vgl. Rüttger (2002), S.58-59

Einige Beispiele sind :

- Linux-Intel 32 bit : 2G, 4G oder mehr, abhängig von der Linux Version

- Solaris 2.5.1 : 2G (4G möglich mit Patch)

- Solaris 2.6 und Solaris 2.7 Intel : 4G

Von den Versionen Linux-Alpha und Solaris 2.7 ULTRA-SPARC erwartet man sogar eine maximale Tabellengröße von 8 T.[24]

6.2.6 Benutzerverwaltung

Die Benutzerverwaltung von MySQL wird mit dem Datenbanksystem standardmäßig ausgeliefert. Benutzerkonten und Zugriffsrechte auf Datenbanken und Tabellen werden von MySQL in einer eigens dafür angelegten Datenbank gespeichert.

Diese Datenbank hat den Namen mysql und besteht aus mehreren Tabellen:

- Columns_priv : In bzw. mit dieser Tabelle kann der Administrator Zugriffsbeschränkungen auf einzelne Tabellenspalten und die darauf anwendbaren Befehle vergeben.

- db : Die Zugriffsrechte auf die gesamte Datenbank werden in dieser Tabelle gespeichert. Hier wird vom Administrator definiert welcher Benutzer auf welche Datenbank zugreifen darf und welche weiteren Rechte er darauf hat.

- host : Zugriffe einzelner Rechner (Hosts) auf MySQL können in dieser Tabelle beschränkt oder verboten werden.

- user : In die Tabelle user werden die Benutzer mitsamt ihren Passwörtern eingetragen.

Zugriff auf die Benutzerverwaltung und die Vergabe von Rechten sollte in der Regel nur der Administrator mit seinem Passwort haben. Es ist unter MySQL jedoch auch möglich einzelnen Nutzern administrative Rechte zuzusprechen.[25]

---

[24] vgl. www.mysql.de/documentation/mysql/bychapter/manual.de_Deutsch.html#What-is (15.05.02)
[25] vgl. Rüttger (2002), S.86-87

6.3   Zugriff auf eine MySQL Datenbank im Web

6.3.1 Darstellung im Web

Websites im World Wide Web sind in der Auszeichnungssprache HTML (Hypertext Markup Language) geschrieben und werden von dem jeweiligen Browser interpretiert.

Da HTML jedoch keine Funktionen für den Zugriff auf ein Dateisystem oder eine Datenbank besitzt, benötigt man eine serverseitige Skriptsprache um auf eine MySQL Datenbank vom Web aus zuzugreifen.

Um dies zu ermöglichen, erzeugt man zunächst ein HTML-Dokument mit dem das Erscheinungsbild der Internetseite festgelegt wird. Wenn die Daten aus der MySQL-Datenbank nicht nur angezeigt, sondern auch eine gezielte Abfrage oder Eingabe von Daten ermöglicht werden soll, erzeugt man ein HTML-Formular mit den nötigen Eingabefeldern. In dieses Dokument wird nun zum Beispiel ein PHP-Skript eingebunden.[26]

6.3.2 Datenabfrage mit PHP

PHP ist eine serverseitige Skriptsprache, die speziell für das Internet entwickelt wurde und daher sehr häufig verwendet wird. „Serverseitig" bedeutet, dass sie auf dem Server ausgeführt wird und dem Client (hier der Browser) nur das Ergebnis zurückliefert.

Wird nun zum Beispiel eine SQL Abfrage in ein Formularfeld eingegeben und die Anfrage abgeschickt, so sendet der Webbrowser die passende URL an die die SQL Anfrage als Parameter angehängt wird an den zuständigen Webserver. Der Webserver ruft nun eine Datei auf, die mit der entsprechenden Endung endet. Im Falle eines PHP-Skripts ist dies zum Beispiel .php oder .php4. Dies führt dazu, dass der jeweilige Interpreter gestartet wird (hier PHP-Interpreter). Mit PHP wird nun in Form von SQL-Statements auf den Datenbankserver zugegriffen, die gesuchten Datenbestände aus der Datenbank geholt und an den Webserver übergeben. Dieser übermittelt die Ergebnisse an den anfragenden Webbrowser.[27]

---

[26] vgl. Rüttger (2002), S.257
[27] vgl. Rüttger (2002), S.224-225

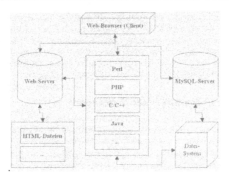

Abbildung 2 [28]

Die Grafik verdeutlicht die Kommunikation zwischen dem Web-Browser, der seine Anfrage an den Web-Server sendet und dem Web-Server, welcher wiederum über die
jeweilige Skriptsprache auf den MySQL-Server zugreift und dem Web-Browser das
Ergebnis zurückliefert.

6.4 Sicherheit

Da MySQL als Server-Client-System sehr häufig im Internet verwendet wird, muss ein
besonderes Augenmerk auf die Sicherheit der Daten in der Datenbank gelegt werden,
da es gilt die Daten vor unbefugtem Zugriff zu schützen.

6.4.1 Zugriffskontrolle

MySQL besitzt eine Zugriffskontrolle, die in zwei Phasen arbeitet.

Phase1:

Die erste Phase der Zugriffskontrolle ist die Verbindungsüberprüfung.

Wenn ein Client versucht eine Verbindung mit dem MySQL-Server herzustellen, wird
zunächst dessen Identität überprüft. Die Identität des Client besteht aus zwei Informa-
tionsbestandteilen:

- Dem Host, von dem aus die Verbindung hergestellt werden soll. Dies ist entwe-
  der der Hostname oder eine IP-Adresse.

- Der MySQL-Benutzername und das dazugehörige Passwort.

---

[28] Rüttger (2002), S.224

Werden Host und Benutzername mit dem passenden Passwort verifiziert, so akzeptiert
der Server die Verbindung, geht in Phase2 über und wartet auf eine Anfrage. Können
Host und Benutzername nicht verifiziert werden, lehnt der Server den Zugriff vollständig ab.

Wichtig ist, dass das Passwort verschlüsselt wird und zu keinem Zeitpunkt unver-
schlüsselt übertragen wird. Aus Sicht von MySQL ist somit das verschlüsselte Passwort das ECHTE Passwort, daher sollte darauf niemand Zugriff haben.

Phase2:

Die zweite Phase ist die Anfrageüberprüfung.

Ist Phase1 erfolgreich durchlaufen und die Verbindung hergestellt, können vom Client
Anfragen gestellt werden. Bei jeder einzelnen Anfrage wird nun überprüft ob der Nach-
frager die benötigten Rechte besitzt um die Operation die er ausführen will auch ausführen zu dürfen.

Die User-Rechte befinden sich in den bereits oben erwähnten Tabellen columns_priv,
db, host und user der Datembank mysql.

Wie bereits erwähnt sollte nur der Superuser, also der Administrator, Zugriff auf diese
Datenbank und die Tabellen haben.[29]

6.4.2 Sichere Übertragung von Server zu Client

Der Zugriff über das Internet auf eine MySQL-Datenbank ist zum Beispiel über Dienste
wie Telnet möglich. Um jedoch eine sichere Datenübertragung zu ermöglichen sollte
man Secure Shell (SSH) oder Secure Socket Layer verwenden. Die Daten werden
durch dieses Protokoll bei der Verbindung verschlüsselt und nicht im Klartext über das
Netz geschickt. SSL überprüft zusätzlich, ob die gesendeten Daten vollständig und
unverändert am Bestimmungsort angekommen sind. Die Übertragung vom Server zum
Client ist also sicher.[30]

6.4.3 Weitere Sicherheitsmaßnahmen

Natürlich gibt es viele verschiedene Methoden noch bessere Sicherheit zu gewährleis-
ten. Zwei weitere Beispiele sind:

---

[29] vgl.www.mysql.de/documentation/mysql/bychapter/manual.de MySQL Database Administration.html
      (15.05.02)
[30] vgl. www.php-homepage.de/manual/security.database.php (05.05.02)

- Der Einsatz von PHP-Skripten zur Verschlüsselung der Daten. Die Erweiterungen Mycrypt und Myhash bieten eine Anzahl von Verschlüsselungsalgorythmen. Das Skript verschlüsselt die Daten vor dem Speichern und entschlüsselt sie wieder bei Erhalt.[31]

- Das Einrichten einer guten Firewall.

---

[31] vgl. www.php-homepage.de/manual/security.database.php (05.05.02)

7 Systemvergleich

Beide in den Kapiteln 5 und 6 vorgestellten Systeme zählen zu den Relationalen Datenbank Managementsystemen (kurz: RDBMS) und ermöglichen einen Zugriff auf die relationale Datenbank über das World Wide Web.

Neben diesen Gemeinsamkeiten bestehen jedoch viele Unterschiede zwischen Microsoft Access und MySQL, die sich stark auf das Anwendungsgebiet der jeweiligen Systeme auswirken.

7.1 Benutzeroberfläche

Microsoft Access ist sehr grafisch orientiert und greift auf die typischen Windowselemente zurück.

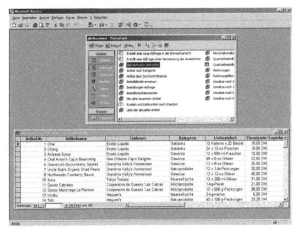

Abbildung 3

Dazu kommt die Möglichkeit Abfragen über die Methode Query by Example (QBE) zu erstellen. Der Nutzer kann also auf sein Wissen über andere Office Programme wie zum Beispiel MS Word zurückgreifen, um sich zurechtzufinden. Tabellen, Abfragen, Formulare und Berichte können über Assistenten in Dialog-Fenstern erstellt werden. Eine Auseinandersetzung mit der Abfragesprache SQL ist für den Nutzer nicht notwendig.

MySQL wird in der Regel kommandozeilenorientiert genutzt. Unter Windows erfolgt dies zum Beispiel über die MS-DOS-Eingabeaufforderung. Besonders Windows Nutzer, die grafische Oberflächen gewöhnt sind, haben Probleme mit dieser Art der Nutzung. Des Weiteren kommt der Nutzer um die Verwendung und Kenntnis der Abfragesprache SQL, bzw. der für MySQL relevanten Komponenten nicht herum.

Es gibt allerdings verschieden Programme, die eine Benutzeroberfläche zu MySQL liefern und zum Teil kostenlos erhältlich sind. Ein Beispiel dafür ist das Programm MySQLFront des Entwicklers Ansgar Becker.

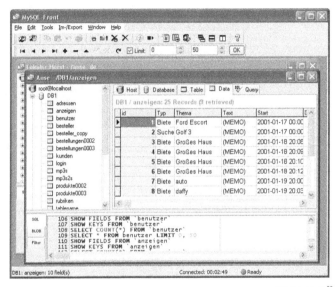

Abbildung 4 [32]

Dieses Programm hilft bei nahezu allen administrativen Aufgaben. Unter Linux existiert ein ähnliches Programm mit dem Namen kMySQL, das sogar die automatische Generierung von HTML-Dokumenten, die auf MySQL zugreifen und die Generierung der dazu passenden PHP-Skripts bietet.[33]

---

[32] www.anse.de/mysqlfront (28.05.02)
[33] vgl. Rüttger (2002), S.130

7.2 Tabellengröße und Zugriffe

Die maximale Tabellengröße einer MS Access Tabelle liegt derzeit bei 1GB. Die Größe der .mdb Datei, also der Datenbank, liegt bei ca. 2GB. Durch verknüpfte Tabellen lässt sich jedoch erreichen, dass die Größe von der Größe des Plattenspeichers abhängig wird. Microsoft wird mit einem Zugriff von bis zu 255 Nutzern fertig und ist damit durchaus als netzfähig zu betrachten.[34] Werden diese Grenzen in punkto Anzahl der Zugriffe und der zu speichernden Datenmenge überschritten, so kommt man in den Aufgabenbereich von MySQL.

Die Tabellengröße unter MySQL ist stark vom jeweiligen genutzten Betriebssystem abhängig. Sie schwankt zwischen 2G unter Linux-Intel 32 bit oder Solaris 2.5.1 und 8T unter den Systemen Linux-Alpha und Solaris 2.7 ULTRA-SPARC. Eine MySQL Datenbank kann somit wesentlich größere Datenmengen aufnehmen als eine Access Datenbank. Abhängig vom jeweiligen System kann eine MySQL Datenbank mehrere Terabytes groß sein. Da MySQL als Datenbanksystem speziell für das Internet konzipiert wurde, ist dieses System auch auf den Zugriff sehr vieler Nutzer ausgelegt. Die Anzahl übertrifft die 255 Nutzer von Access bei weitem; die genauen Grenzen sind allerdings vom Betriebssystem und zum Teil auch von der Hardware abhängig.[35]

7.4 Benutzerverwaltung

Beide Systeme besitzen standardmäßig eine Benutzerverwaltung, die es ermöglicht Nutzern Rechte auf verschiedene Teile der Datenbank zu erteilen oder zu entziehen. Die Rechte die vergeben werden, beziehen sich auf das Öffnen, Lesen, Schreiben, Aktualisieren und das Löschen von Tabellen, Datensätzen oder der gesamten Datenbank.

7.5 Darstellung im Web

Microsoft Access bietet dem Nutzer der neueren Versionen mit den Datenzugriffsseiten eine sehr einfache Möglichkeit Daten einer Access Datenbank im World Wide Web darzustellen. Da das Erstellen dieser Seiten dem Erstellen von Formularen sehr stark ähnelt und ebenfalls über einen Assistenten erfolgen kann, sollte es dem Nutzer wenig Probleme bereiten Datenzugriffsseiten für das Web zu erzeugen. Der Nutzer kann Steuerelemente verwenden, die ihm ebenfalls aus Formularen bekannt sind und über den Assistenten oder die Entwurfsansicht Design und Lage der Datenfelder nach seinem Belieben gestalten. Um Zugriff auf diese im HTML-Format gespeicherten Daten-

---

[34] vgl. www.fh.deggendorf.de/doku/fh/meile/bachelor/lehre/db/f11/folge11.pdf (17.05.02)

[35] vgl. www.mysql.de/documentation/mysql/bychapter/manual.de_Deutsch.html#What-is (15.05.02)

zugriffsseiten in einem Netzwerk oder im WWW zu bekommen, müssen diese lediglich in einem Ordner gespeichert werden, auf den Zugriff besteht.[36]

Da MySQL nicht mit einer graphischen Oberfläche arbeitet, wird dem Nutzer keine vergleichbare Einrichtung wie die Datenzugriffsseiten bei Access zur Verfügung gestellt. Die Repräsentation der Daten im Netz ist für den ungeübten Nutzer somit weitaus schwieriger. Erforderlich ist zunächst die Kenntnis der Sprache HTML oder eines Editors, um die Seiten in HTML zu erstellen, über die auf die Daten zugegriffen werden soll. Nachdem das Dokument erstellt ist, muss ein Skript in die Seite eingebunden werden. Der Nutzer benötigt dazu Kenntnisse in einer serverseitigen Skriptsprache, wie zum Beispiel PHP, mit der vom Browser über den Web-Server vom Netz aus auf die Datenbank zugegriffen wird.[37]

Die Darstellung einer MySQL Datenbank erfordert weit mehr Kenntnisse, als die einer Access Datenbank. Der MySQL Nutzer benötigt zumindest rudimentäre Kenntnisse in HTML und einer Skriptsprache, um seine Daten darzustellen. All dies wird bei Access über eine graphische Oberfläche mit Assistenten und Dialog-Fenstern gelöst, was eine Kenntnis von HTML oder PHP für Access Nutzer unnötig macht. Man muss jedoch dazu erwähnen, dass im Netz bereits graphische Oberflächen für MySQL, wie zum Beispiel kMySQL, existieren, die beispielsweise HTML-Dokumente und PHP-Skripts automatisch generieren.

7.6 Sicherheit

Das Sicherheitssystem von Microsoft Access beschränkt sich im wesentlichen auf die Benutzerverwaltung und damit auf die Vergabe von Rechten an einzelne Nutzer oder Nutzergruppen, die jeweils nur mit einem persönlichen Kennwort auf die Datenbank zugreifen können, auf die sie ein Zugriffsrecht besitzen. Netzwerkorientierte Sicherheitsmaßnahmen bietet Microsoft Access allerdings nicht.[38]

MySQL bietet - ebenfalls als eine Sicherheitsmaßnahme - eine Benutzerverwaltung und die damit verbundene Vergabe von Rechten und Passwörtern. Da MySQL jedoch für das Internet konzipiert wurde bietet das System eine weitere Sicherheitsmaßnahme in Form einer Zugriffskontrolle. Diese Zugriffskontrolle läuft in zwei Phasen ab und überprüft sowohl Benutzernamen, Passwort und die IP-Adresse von der aus zugegriffen wird, als auch in der zweiten Phase, die erst beginnt nachdem der Nutzer sich in der ersten Phase verifiziert hat, die jeweilige Anfrage und den Besitz der dafür erforderlichen Rechte.[39]

---

[36] vgl. Hoffmann / Spielmann (2001), S.479-480
[37] vgl. Rüttger (2002), S.224-225
[38] vgl. Hoffmann / Spielmann (2001), S.566-567
[39] vgl. www.mysql.de/documentation/mysql/bychapter/manual.de MySQL Database Administration.html (15.05.02)

Neben der Benutzerverwaltung bietet MySQL eine Zugriffskontrolle für den Betrieb in einem Netzwerk. Access hingegen überlässt die Sicherheit der Daten im Netzwerk ausschließlich der Netzwerktechnologie und bietet selbst keine Sicherheitsmaßnahmen auf dieser Ebene.

7.7 Einzelapplikation vs. Client-Server System

Microsoft Access ist als Datenbankmanagementsystem eine Einzelapplikation und wird auch häufig als „Desktop Datenbank" bezeichnet. Um Datenzugriffsseiten von Microsoft Access über das Internet verfügbar zu machen bedarf es einer separaten Server-Software, wie beispielsweise dem Internet Information Server von Microsoft.[40]

MySQL dagegen fungiert selbst als Datenbankserver und ist somit bereits für den Zugriff über das Internet gerüstet und ausgerichtet.[41]

7.8 „Kommerzielles Produkt" vs. Open Source

Microsoft vertritt eine sehr strenge Lizenzpolitik. Der Programmcode von Microsoft Produkten wie Access darf nicht dekompiliert und lesbar gemacht werden. Änderungen am Programmcode sind verboten. Der Nutzer hat dadurch ein standardisiertes Produkt, welches in regelmäßigen Abständen verbessert und mit Patches versorgt wird. Der Kauf einer neuen Version ist jedoch jedes Mal mit zum Teil sehr hohen Kosten verbunden.

MySQL vertritt den Open-Source-Gedanken, was bedeutet, dass das Lesbarmachen des Sourcecodes und die Weiterentwicklung von MySQL durch einzelne Nutzer ausdrücklich erwünscht ist. Je nach Lizenzart (siehe 6.2.1) ist MySQL kostenlos erhältlich.[42]

Microsoft Access verursacht zwar beim Kauf mehr Kosten als beispielsweise der kostenlose Download von MySQL im Internet, bietet dem Nutzer jedoch ein sehr häufig verwendetes standardisiertes Produkt, welches eine relativ einfache und klare Benutzerführung bietet. Um die Open-Source-Möglichkeiten von MySQL auch ausnutzen zu können bedarf es tieferer Kenntnisse der Programmierung. Die Nutzung von Open-Source ist daher eher etwas für Experten.

---

[40] vgl. Hoffmann / Spielmann (2001), S.479-480

[41] vgl. Rüttger (2002), S.67

[42] vgl. Rüttger (2002), S.55-57

7.9   Eckdaten auf einen Blick

	Microsoft Access	MySQL
Plattform	Microsoft Windows	Weitesgehend plattformunabhängig, erhältlich für alle gängigen Systeme.
System	Einzelapplikation	Client-Server-System
Sourcecode	geschützt	Open-Source
Benutzeroberfläche	Bekannte Windows Oberfläche, graphisch orientiert.	Standartmäßig keine graphische Oberfläche. Graphische Oberflächen jedoch zum Teil kostenlos im Netz erhältlich.
Tabellengröße	Bis zu 1 GB.	Systemabhängig von 2GB bis 8T.
Datenbankgröße	Ca. 2 GB	Systemabhängig, bis zu mehreren Terabyte.
Nutzer	255 Nutzer	Systemabhängig (255 aufwärts)
Benutzerverwaltung	Rechte können Nutzern oder Nutzergruppen zugeteilt oder entzogen werden. Vergabe von Benutzer-ID und Passwörtern	Rechte werden Nutzern zugeteilt oder entzogen. Vergabe von Benutzer-ID, Passwörtern und einer Host-ID
Sicherheit im Netz	Neben der Benutzerverwaltung keine netzwerkrelevanten Sicherheitsmaßnahmen.	Zugriffskontrolle durch Überprüfung der Host-ID (IP-Adresse), der Benutzernamens und des Benutzerpasswortes
Zugriff über das Internet	Über Datenzugriffsseiten im HTML-Format	Über HTML-Dokumente mit eingebundener serverseitiger Skriptsprache (PHP, Perl,...)

Tabelle 1

8   Fazit

Microsoft Access und MySQL sind zwei Relationale Datenbank Managementsysteme, die auf dem jeweiligen Anwendungsgebiet eine gute und überzeugende Performance bieten. Microsoft Access ist ein sehr verbreitetes System, was nicht zuletzt mit der starken Verbreitung des Betriebssystem Windows von Microsoft zusammenhängt. Das System ist des Weiteren für Nutzer, die sich bereits mit anderen Office Produkten aus-kennen oder diese verwenden, aufgrund der bekannten Windows Benutzeroberfläche relativ leicht zu bedienen. Wie bei den meisten Microsoft Office Produkten stehen auch bei Microsoft Access dem noch ungeübten Nutzer eine Reihe von Hilfefunktionen und Assistenten bei der Erstellung von Datenbank, Tabellen, Formularen, Berichten und Abfragen zur Seite.

Die Anbindung an das World Wide Web löst Microsoft Access über die in den neueren Versionen eingeführten Datenzugriffsseiten. Das Erstellen dieser im HTML-Format gespeicherten Seiten erfordert keine Besonderen Kenntnisse in der Auszeichnungs-sprache HTML, da der Nutzer die Anordnung der gewünschten Objekte innerhalb der Datenzugriffsseite anhand einer graphischen Benutzeroberfläche gestalten kann. Dies geschieh in der Entwurfsansicht, die der Nutzer bereits beispielsweise von der Erstel-lung von Formularen kennt.

Microsoft Access ist somit aufgrund der bekannten graphischen Benutzeroberfläche sehr nutzerfreundlich.

Obwohl Microsoft Access auch auf den Betrieb in einem Netzwerk und dem World Wi-de Web ausgelegt ist ergeben ich hier einige Probleme des Systems.

Zum einen bietet Access selbst keinerlei Sicherheitssystem welches man als netz-werkspezifisch bezeichnen könnte. Das vorhandene Sicherheitssystem befasst sich lediglich mit der Vergabe von Rechten an Nutzer und Nutzergruppen denen Namen und Passwörter zugeteilt werden. Von welcher IP-Adresse zugegriffen wird, wird bei-spielsweise nicht überprüft.

Des Weiteren ist Microsoft Access zwar auf die Verarbeitung von großen Datenmen-gen ausgelegt, kann aber mit einer maximalen Tabellengröße von 1GB und einer Da-tenbankgröße von ca. 2GB einem Betreiber einer Suchmaschine im Internet, wie bei-spielsweise Yahoo, nicht sonderlich weiterhelfen. Dazu kommt, dass Access mit dem Zugriff von ca. 255 Nutzern fertig wird, was für ein lokales Netzwerk durchaus befriedi-gend sein kann, jedoch im Internet Access schnell an seine Grenzen stoßen lässt.

MySQL hingegen ist speziell auf die Nutzung im Internet ausgelegt und bietet daher auch die dafür erforderlichen Eigenschaften. Da MySQL auf verschiedenen Plattformen eingesetzt werden, kann sind die Leistungen des Systems allerdings stark vom ver-wendeten Betriebssystem abhängig.

MySQL bietet eine Tabellengröße von 2GB bis zu 8Terabyte je nach Betriebssystem und Version und wird mit einer deutlich größeren Anzahl als 255 Nutzern fertig. Die Datenbankgröße von MySQL kann je nach Betriebssystem und Version von 2GB bis zu mehreren Terabyte betragen und ist somit optimal für extrem große Datenmengen gerüstet. Dazu kommt, dass MySQL als spezielle Sicherheitsmaßnahme in einem Netzwerk eine Zugriffskontrolle bietet, die neben dem Benutzernamen, dessen Passwort und den Rechten auch die IP-Adresse bzw. den Hostnamen des Clients überprüft, von dem aus zugegriffen wird, bevor der Zugriff auf die Datenbank erlaubt wird.

Nachteile in der Benutzerfreundlichkeit gegenüber Microsoft Access ergeben sich durch die fehlende graphische Oberfläche von MySQL. Die Kenntnis der Abfragesprache SQL ist somit im Gegensatz zu Access erforderlich.

Bei der Darstellung einer Datenbank im Internet benötigt der MySQL Nutzer ebenfalls wesentlich mehr Kenntnisse. Zum einen benötigt er Kenntnisse in HTML oder in der Nutzung eines separaten graphischen Editors um die HTML Seiten zu erzeugen. Zum anderen muss er in der Lage sein, ein Skript in einer serverseitigen Skriptsprache zu schreiben, um die Daten aus der Datenbank dem Browser des Client bereitstellen zu können.

Abschließend lässt sich sagen, dass Microsoft Access ein durchaus netzwerkfähiges Programm ist, mit dem man ohne weiteres eine Datenbank an das World Wide Web anbinden kann. Vor allem überzeugt Access jedoch durch seine für den durchschnittlichen PC Nutzer einfache Zugänglichkeit über die graphische Oberfläche und den Einsatz von Hilfefunktionen und Assistenten.

MySQL auf der anderen Seite ist ein Relationales Datenbankmanagement System, welches durch seine gute Performance bei riesigen Datenmengen und vielen Nutzerzugriffen überzeugt. Das System taugt eher für den professionellen Einsatz im Internet, da es neben den enormen Leistungen die es bietet auch wesentlich umfangreichere Kenntnisse verlangt als Microsoft Access.

Ein Trend, der sich bereits heute abzeichnet, ist eine Kombination der beiden Systeme. Clients auf denen Microsoft Access installiert ist und verwendet wird greifen mit Hilfe von ODBC Schnittstellen auf einen Datenbankserver zu, auf dem MYSQL installiert ist. Auf diese Weise nutzt man die benutzerfreundlichen Eigenschaften von Access bei den Clients und das große Leistungspotential von MySQL beim Datenbankserver.

Separat dazu werden immer mehr graphische Benutzeroberflächen für MySQL entwickelt, die über kurz oder lang einen ähnlichen Komfort für den MySQL Nutzer bieten sollen, wie dies Access bereits heute tut.

Literaturverzeichnis

- Hoffbauer, Manfred; Spielmann, Christoph: Access XP – Das Buch. SYBEX-Verlag GmbH, Düsseldorf, (2001)

- Rüttger, Michael: MySQL für Dummies. mitp-Verlag, Bonn (2002)

- www.anse.de/mysqlfront (28.05.02)

- www.fh.deggendorf.de/doku/fh/meile/bachelor/lehre/db/f11/folge11.pdf (17.05.02)

- www.mysql.de/documentation/mysql/bychapter/manual.de MySQL Database Administration.html (15.05.02)

- www.mysql.de/documentation/mysql/bychapter/manual.de Deutsch.html#What -is (15.05.02)

- www.php-homepage.de/manual/security.database.php (05.05.02)

- www2.little-idiot.de/mysql/mysql-24.html (15.05.02)

Erklärung

Hiermit erkläre ich, dass ich die vorliegende Studienarbeit selbständig angefertigt habe. Es wurden nur die in der Arbeit ausdrücklich benannten Quellen und Hilfsmittel benutzt. Wörtlich oder sinngemäß übernommenes Gedankengut habe ich als solches kenntlich gemacht.

_____   _____
Ort, Datum   Unterschrift

Stichwortverzeichnis

Abfragen 11, 32

Benutzerverwaltung 12, 21, 28, 31

Berichte 12, 32

Client-Server-System 19, 30

Datenbank Management System
  7,11,32

Datenzugriffsseiten 15,28,32

Eckdaten 31

Formulare 12,32

Lizenz 18

ODBC 9,15

Open Source 17, 18, 30, 31

PHP 10, 22, 29

Referenzielle Integrität 14

Schlüssel 13, 14

Sicherheit 16, 23, 29, 31

SQL 8, 19, 22, 26, 27, 33

Tabellen 11, 20, 28, 32

www.ingramcontent.com/pod-product-compliance
Lightning Source LLC
LaVergne TN
LVHW092346060326
832902LV00008B/841